I0455850

Bear Coloring Book For Adults

Realistic Coloring Book For Adults, Advanced Adult Coloring Book.

by Amanda Davenport

ISBN-13: 978-1536854039

ISBN-10: 1536854034

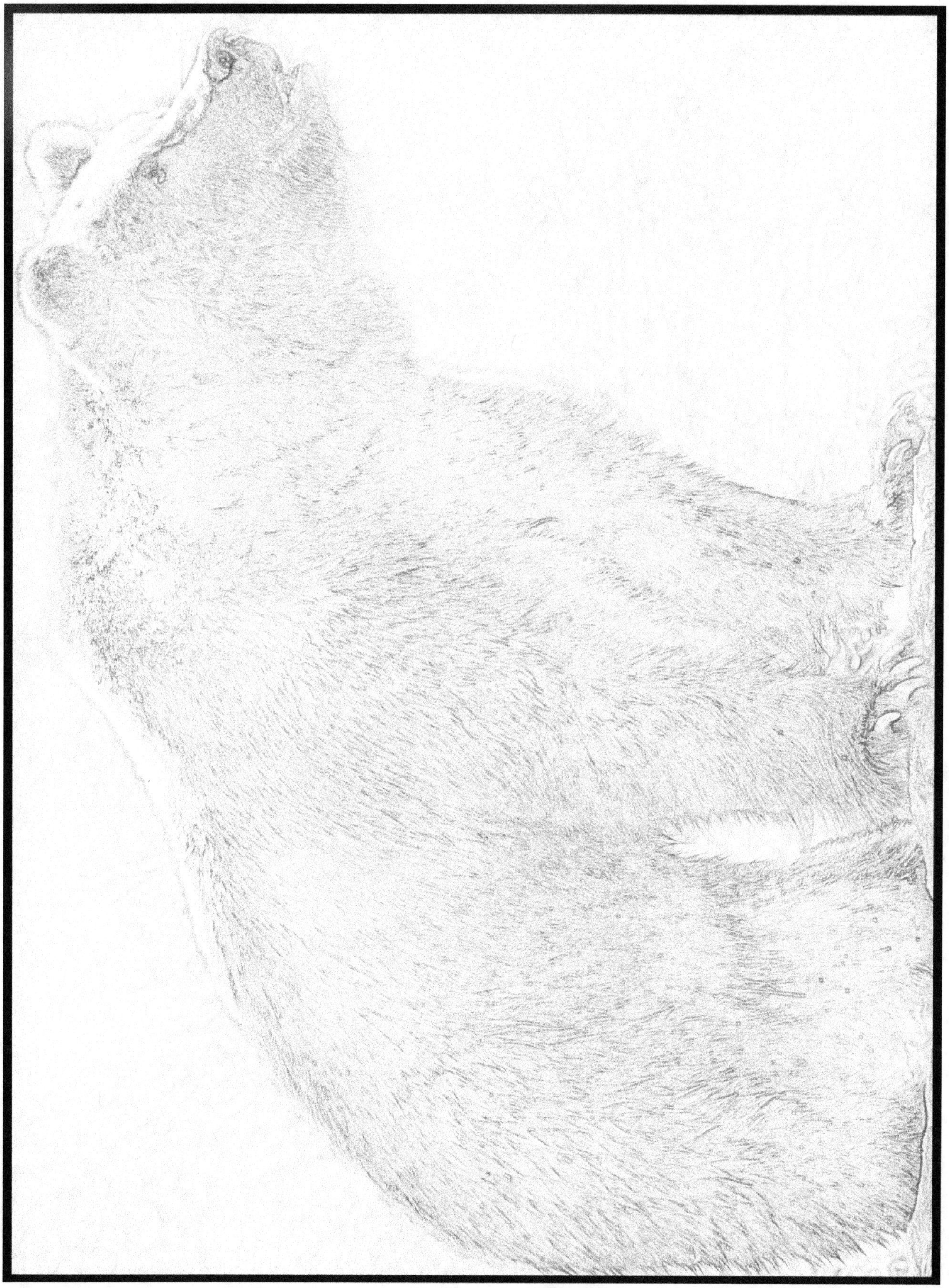

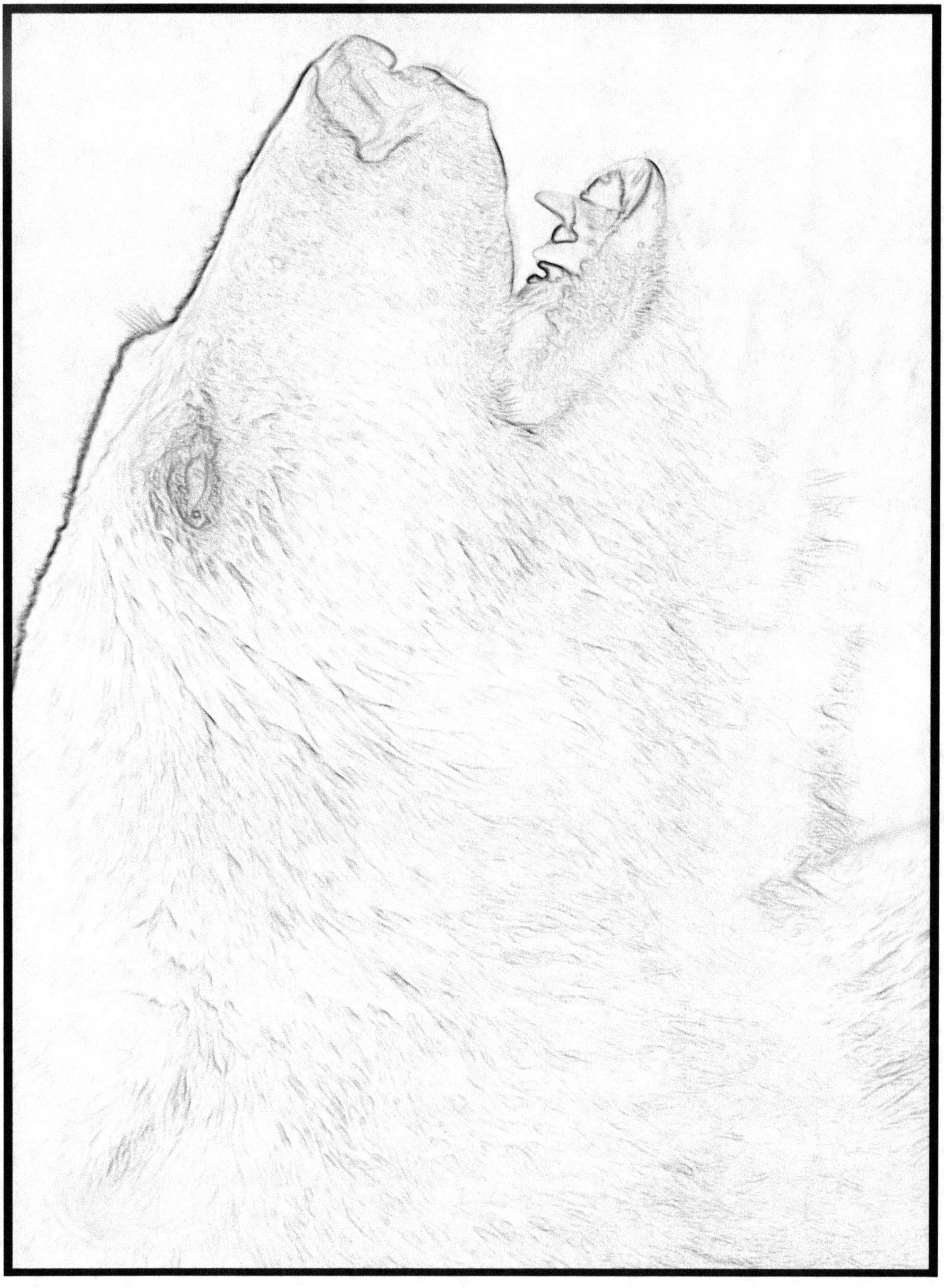

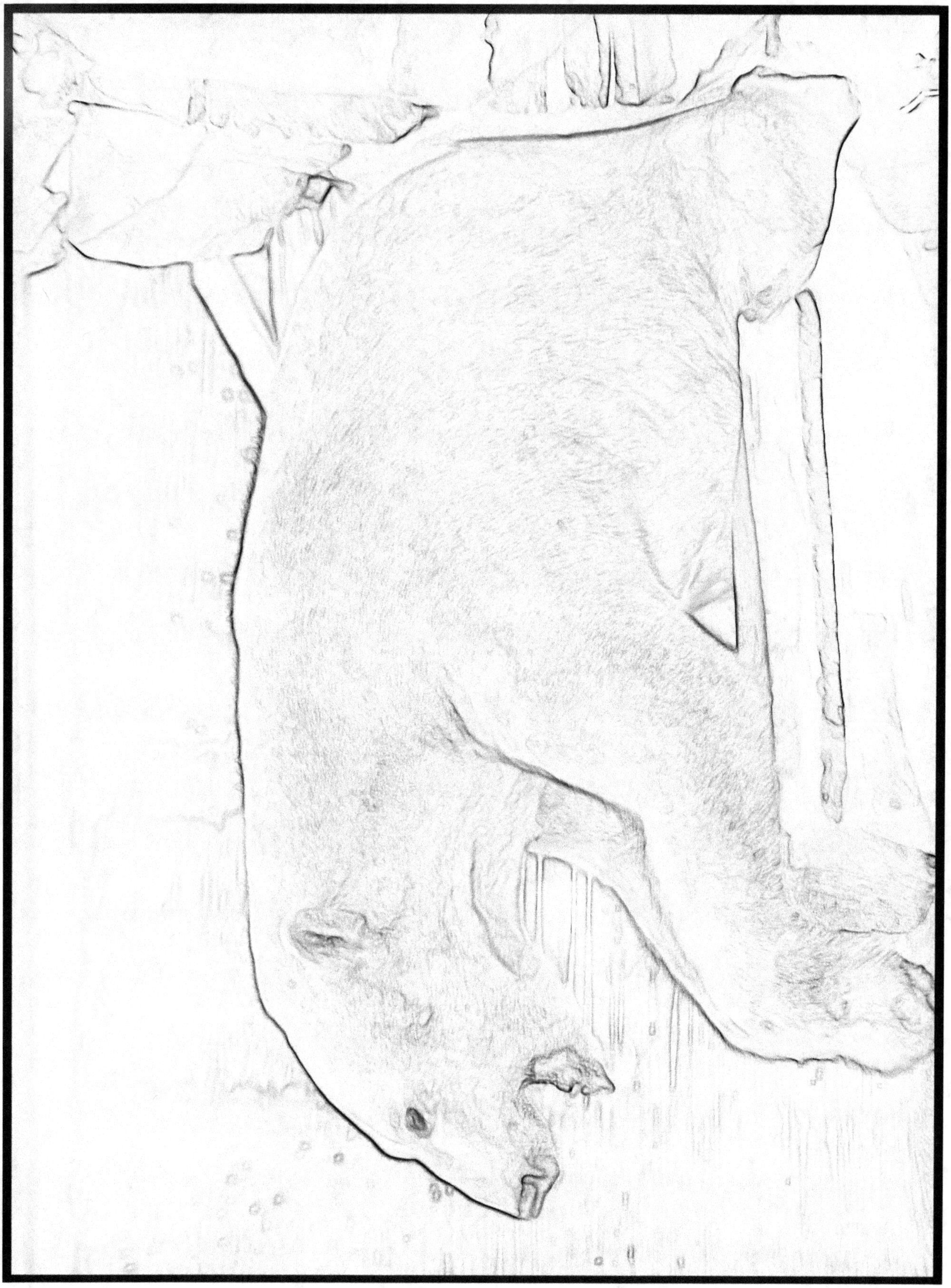

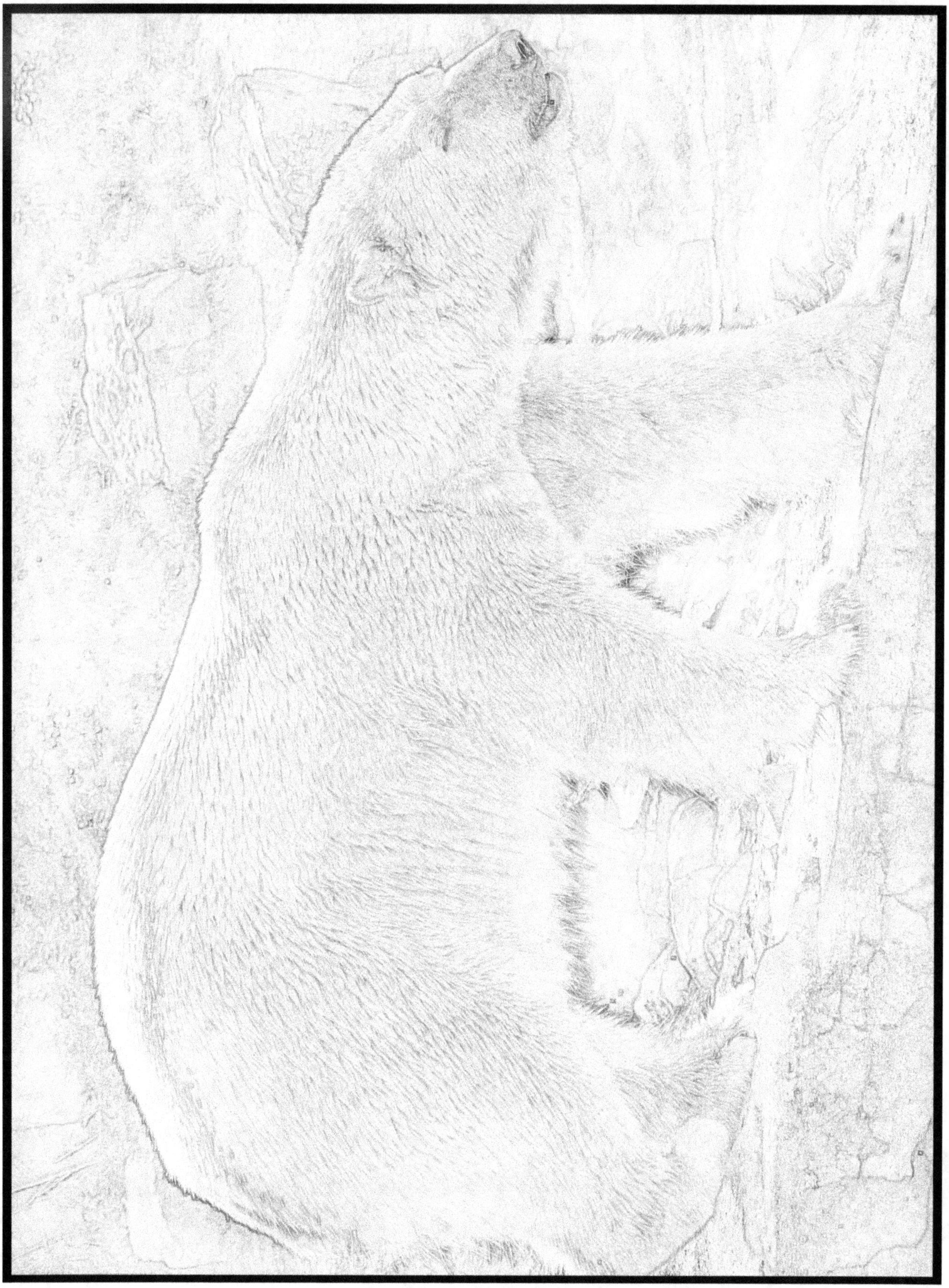

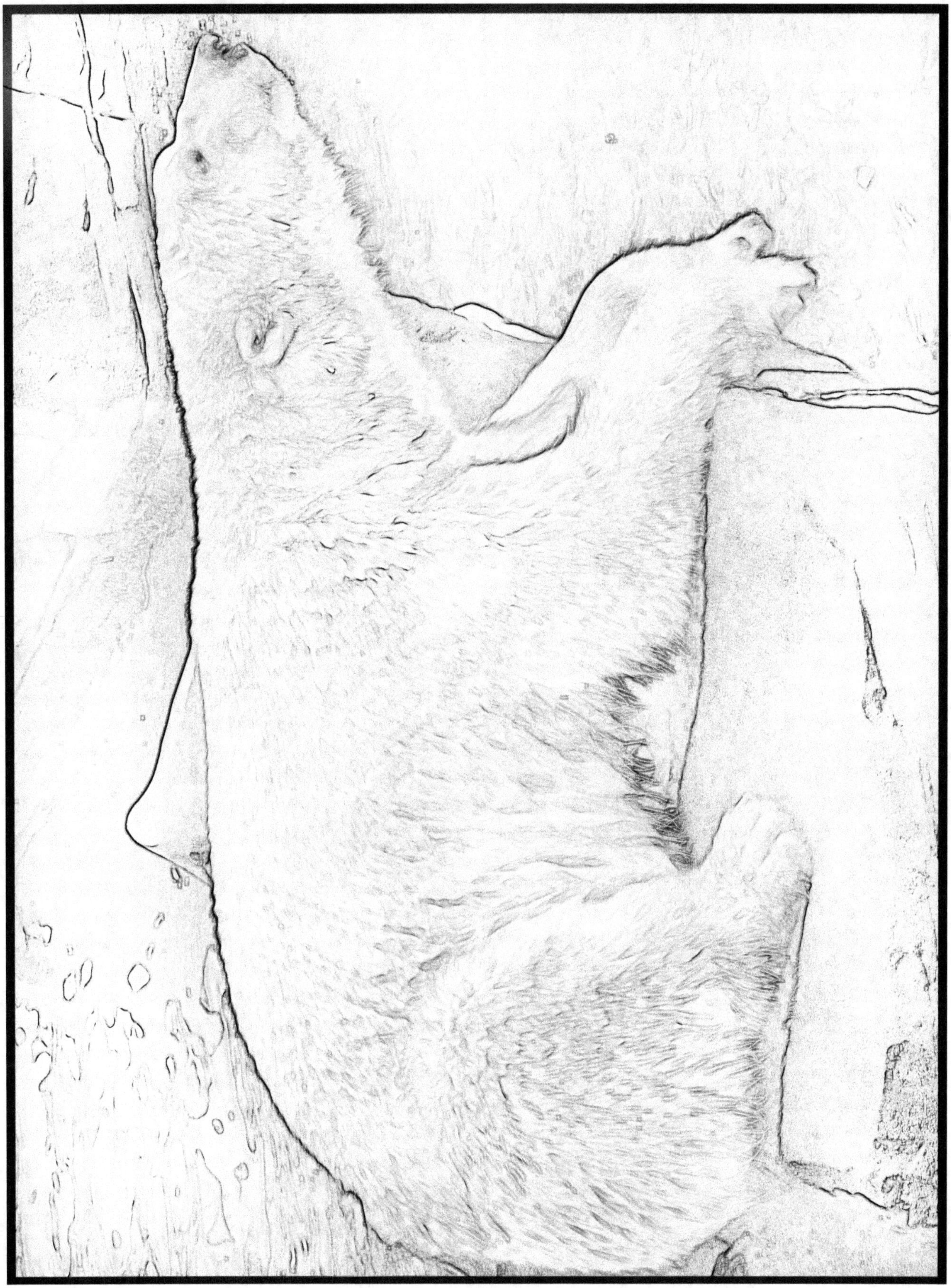

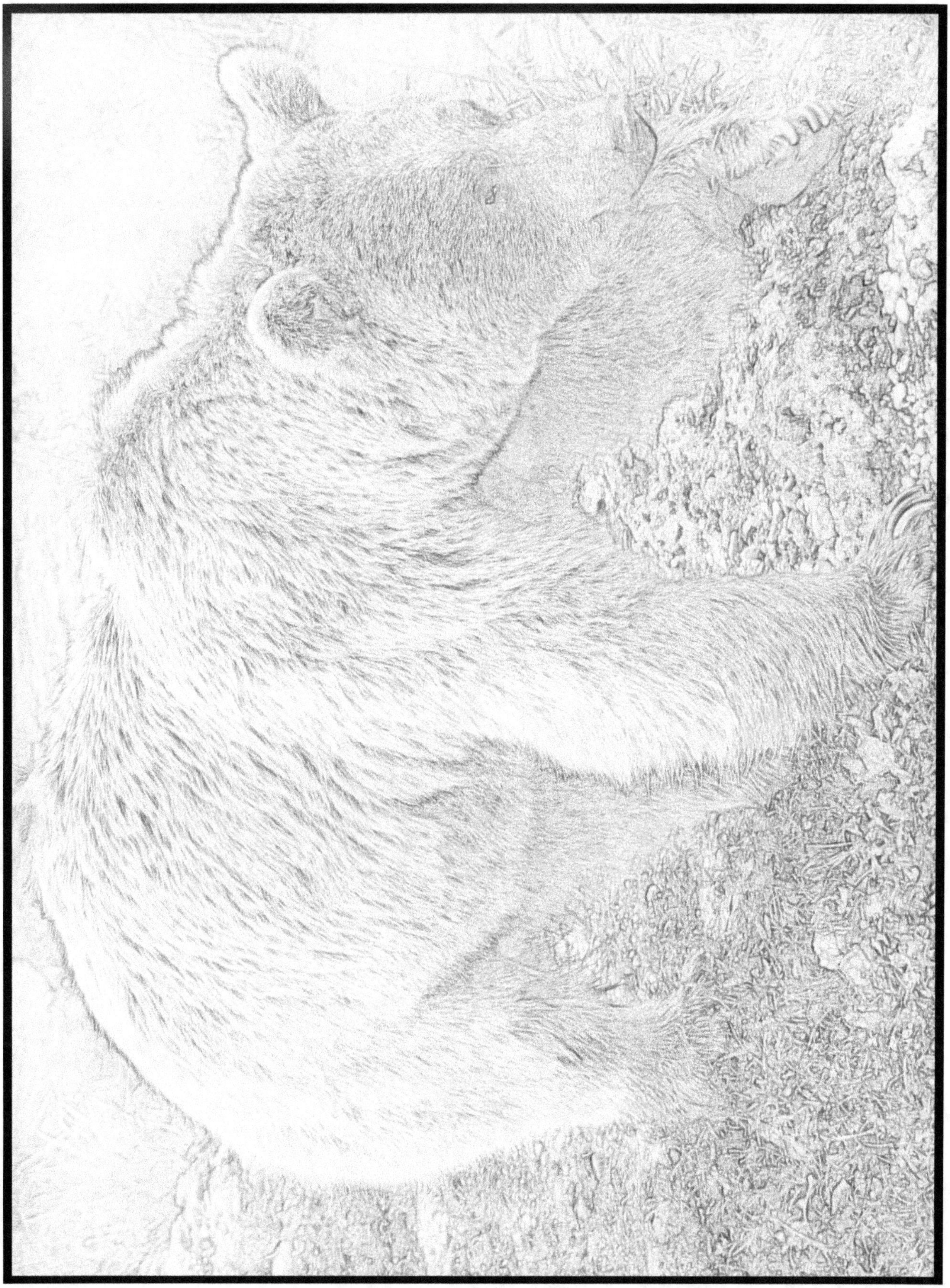

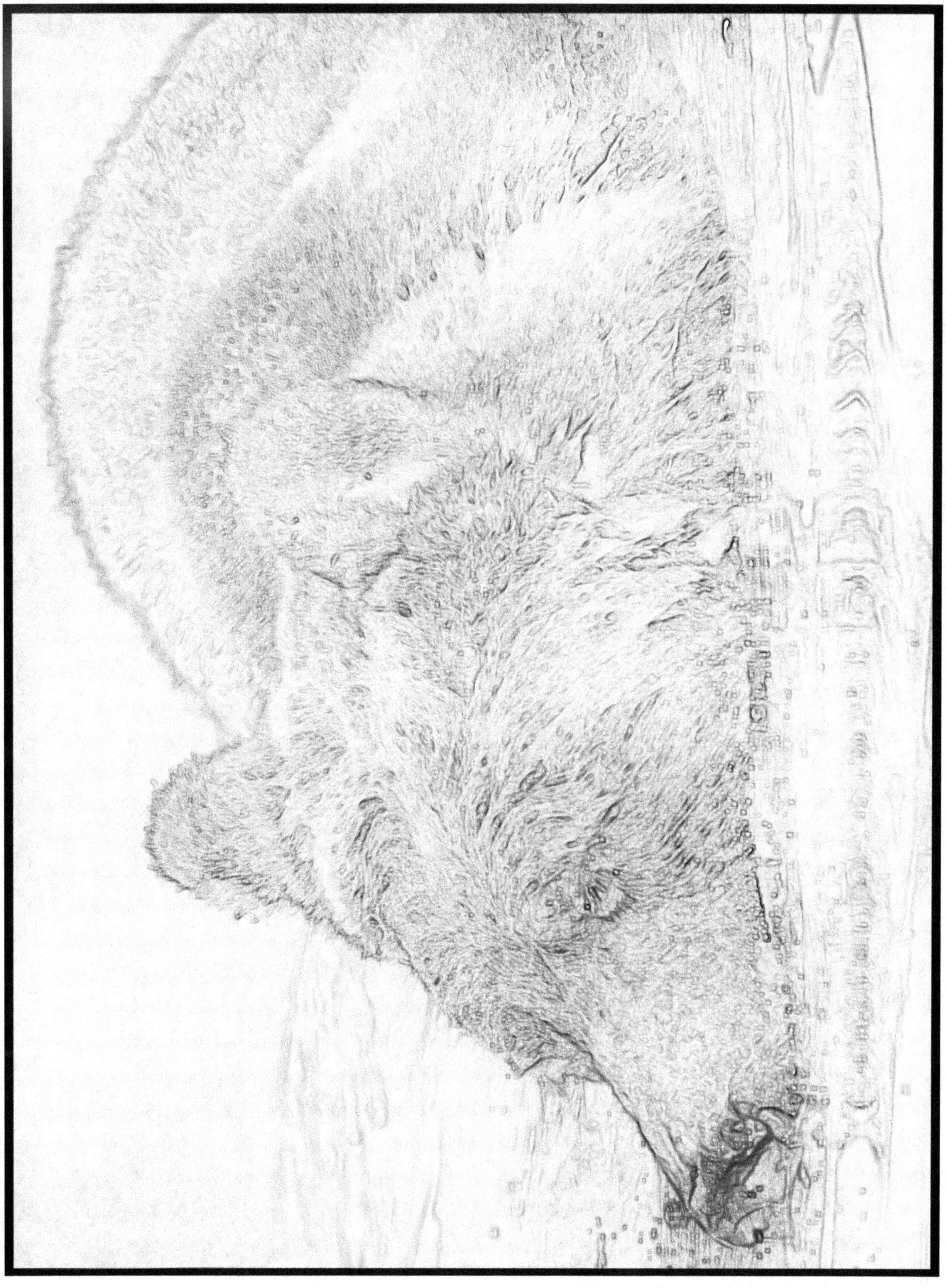

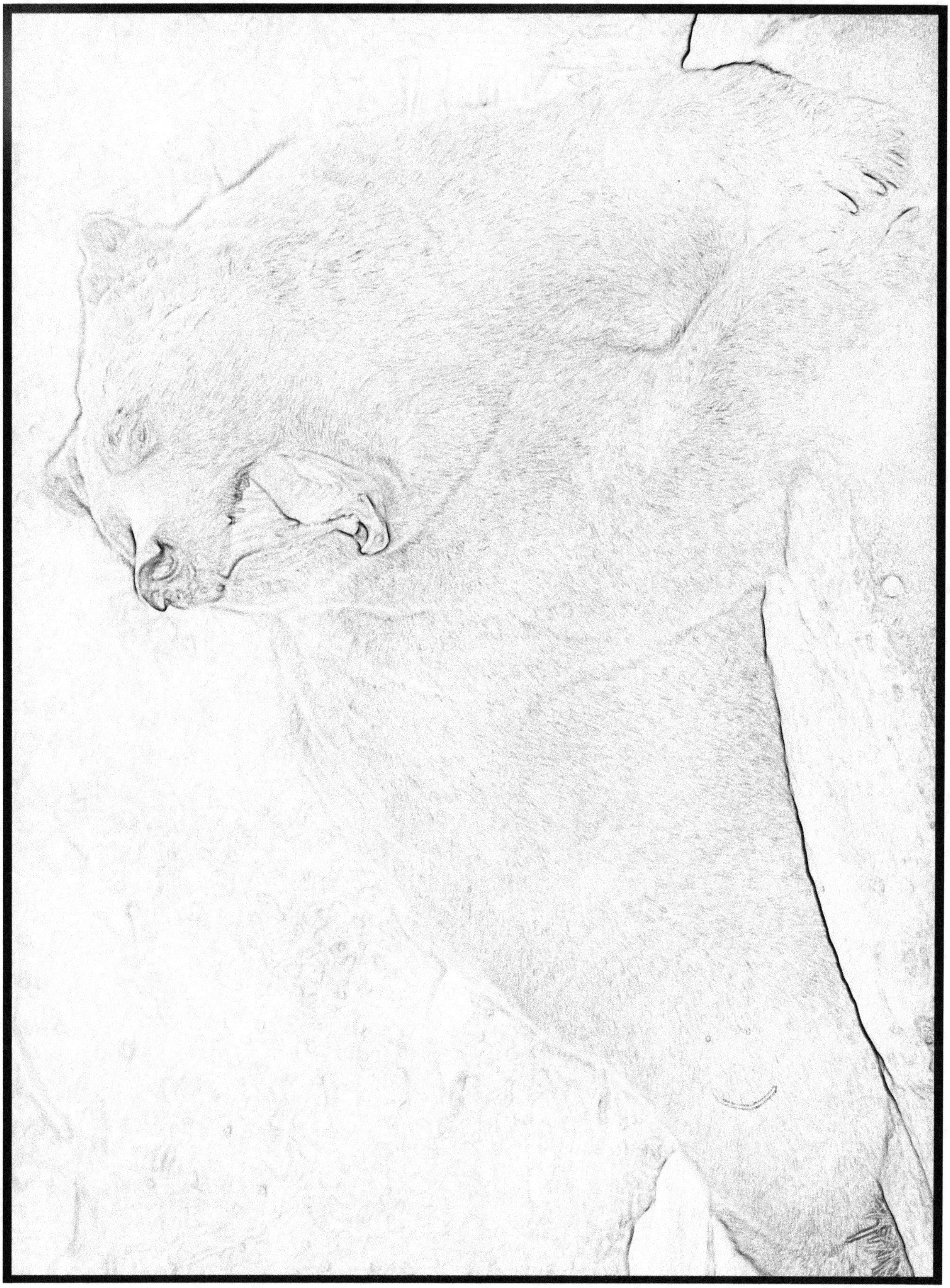

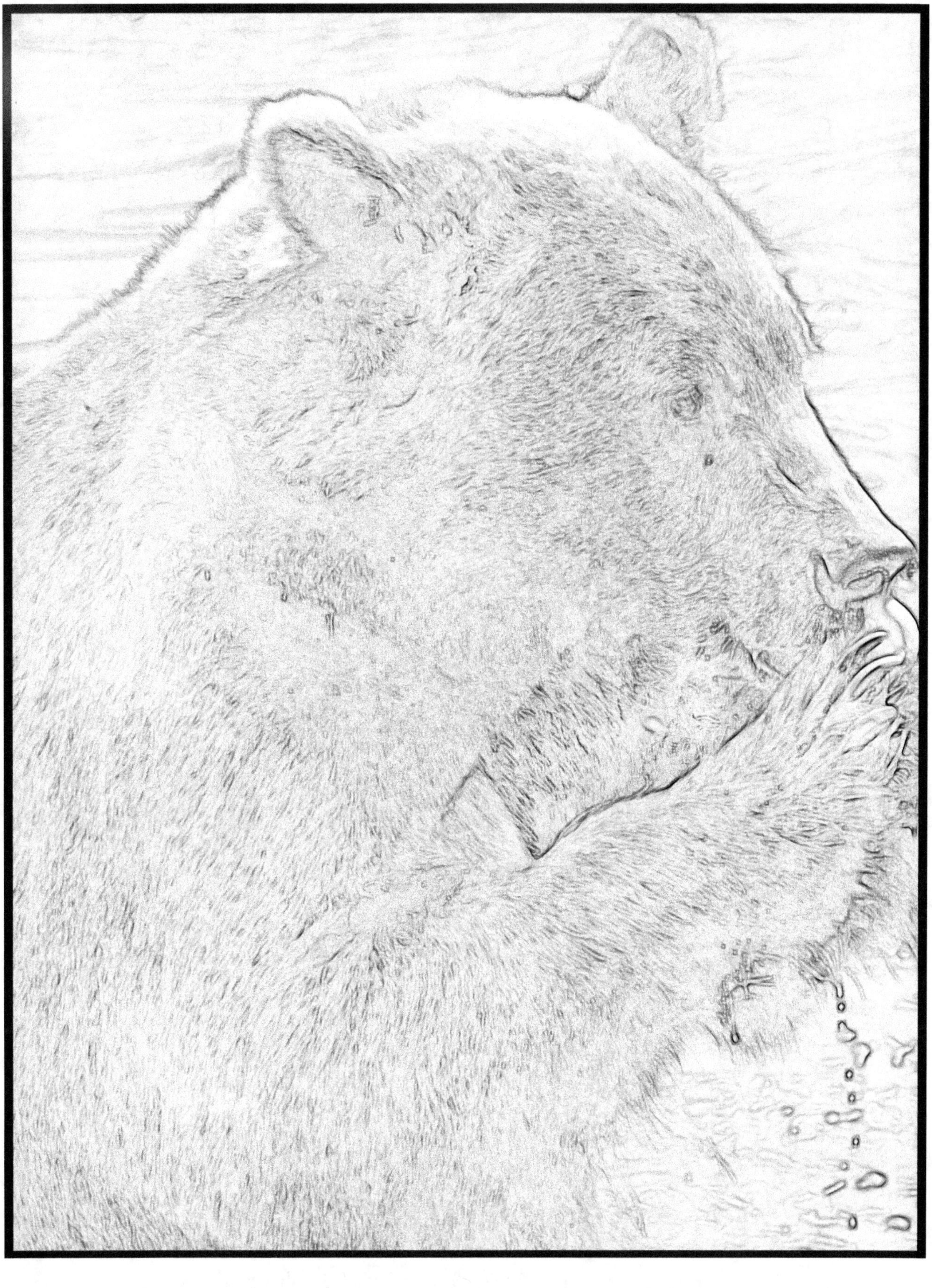

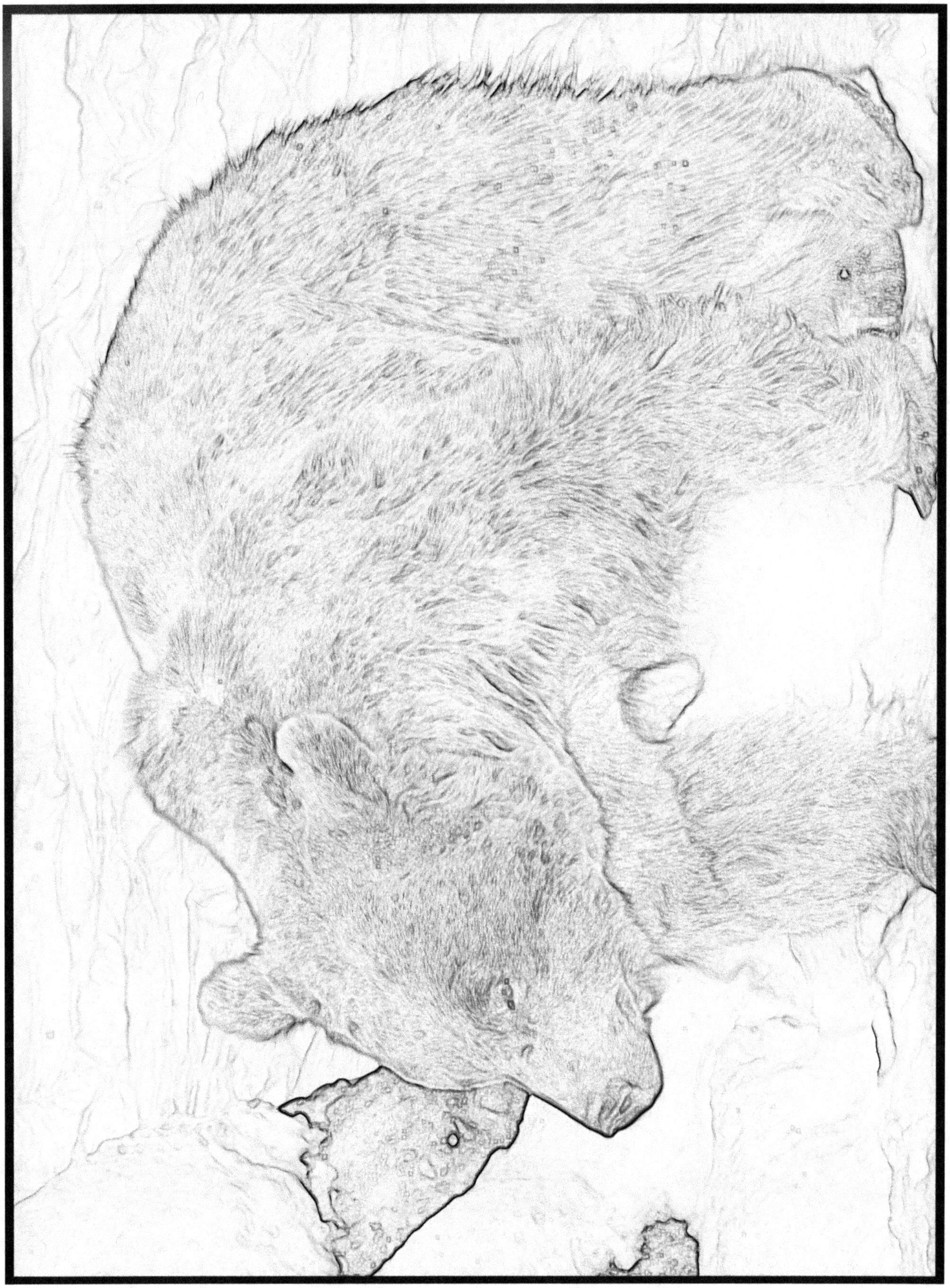

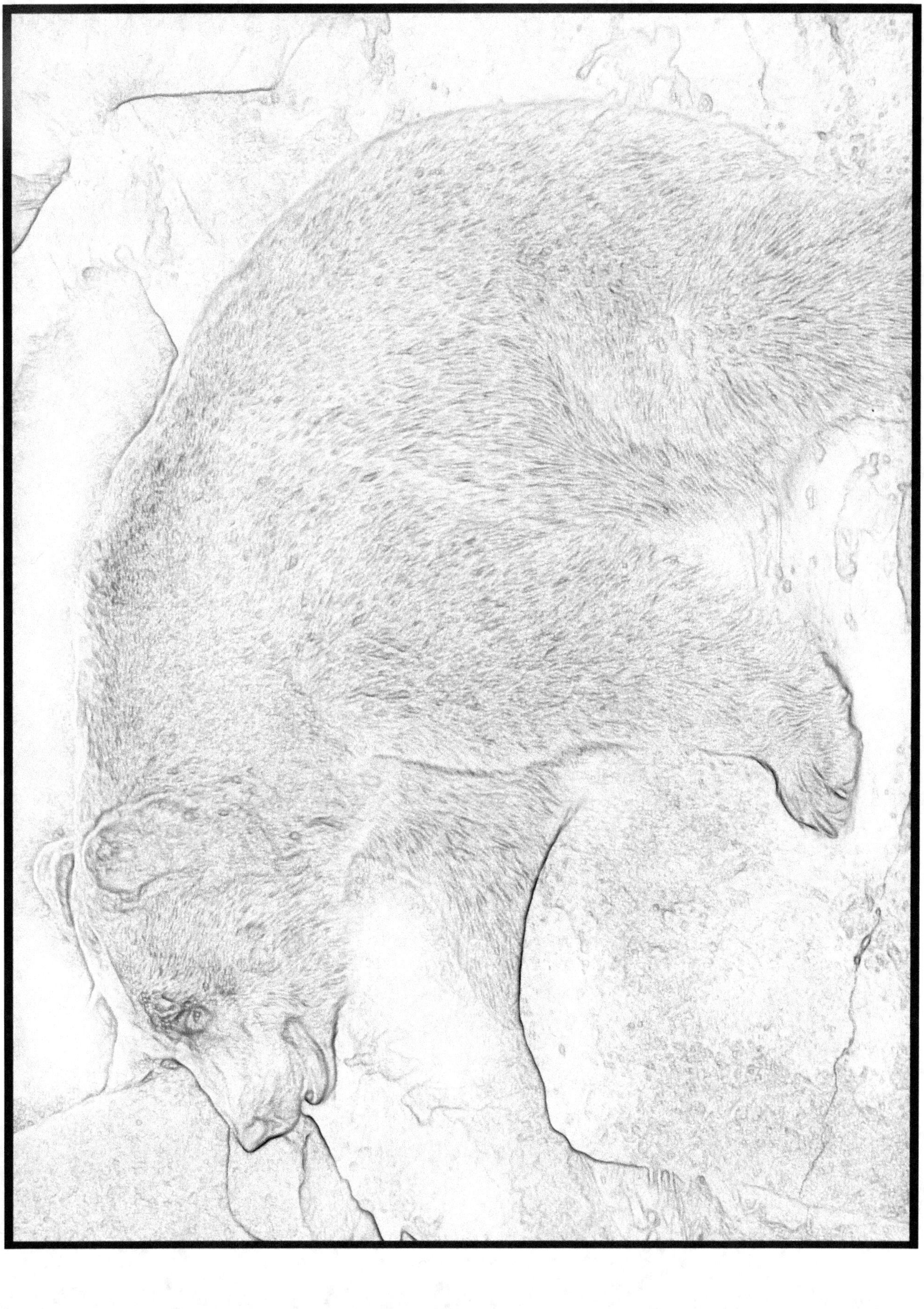

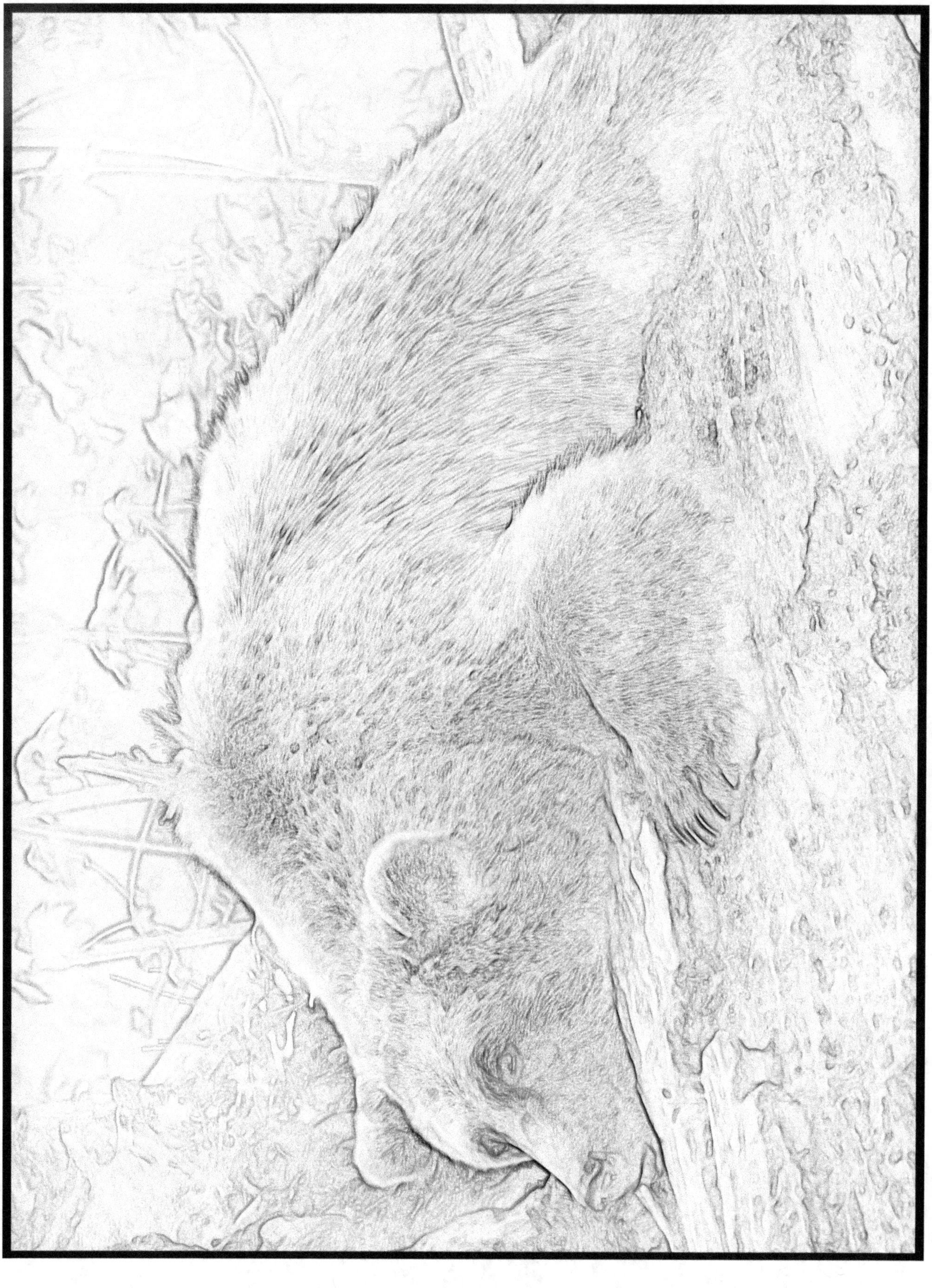

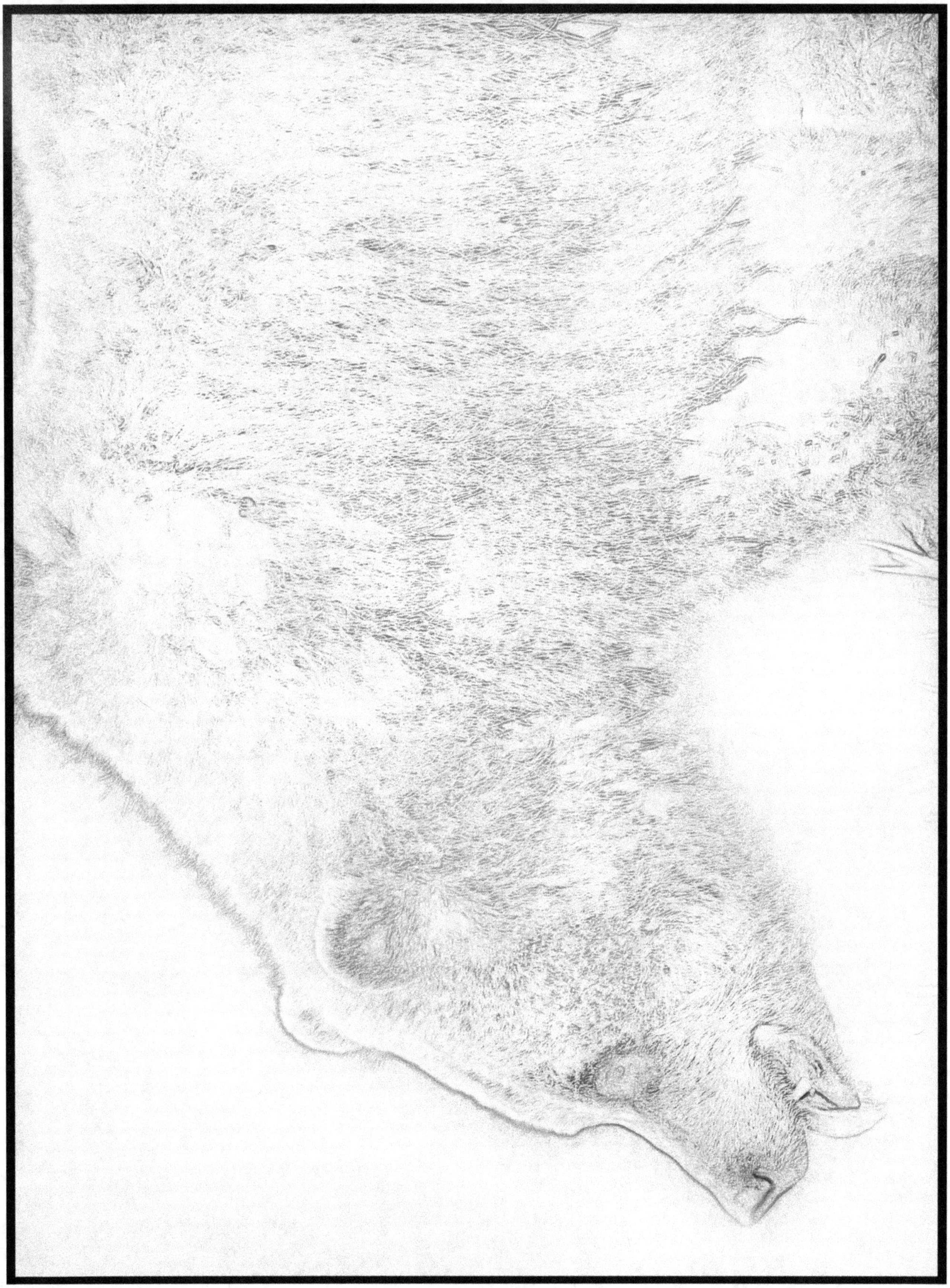

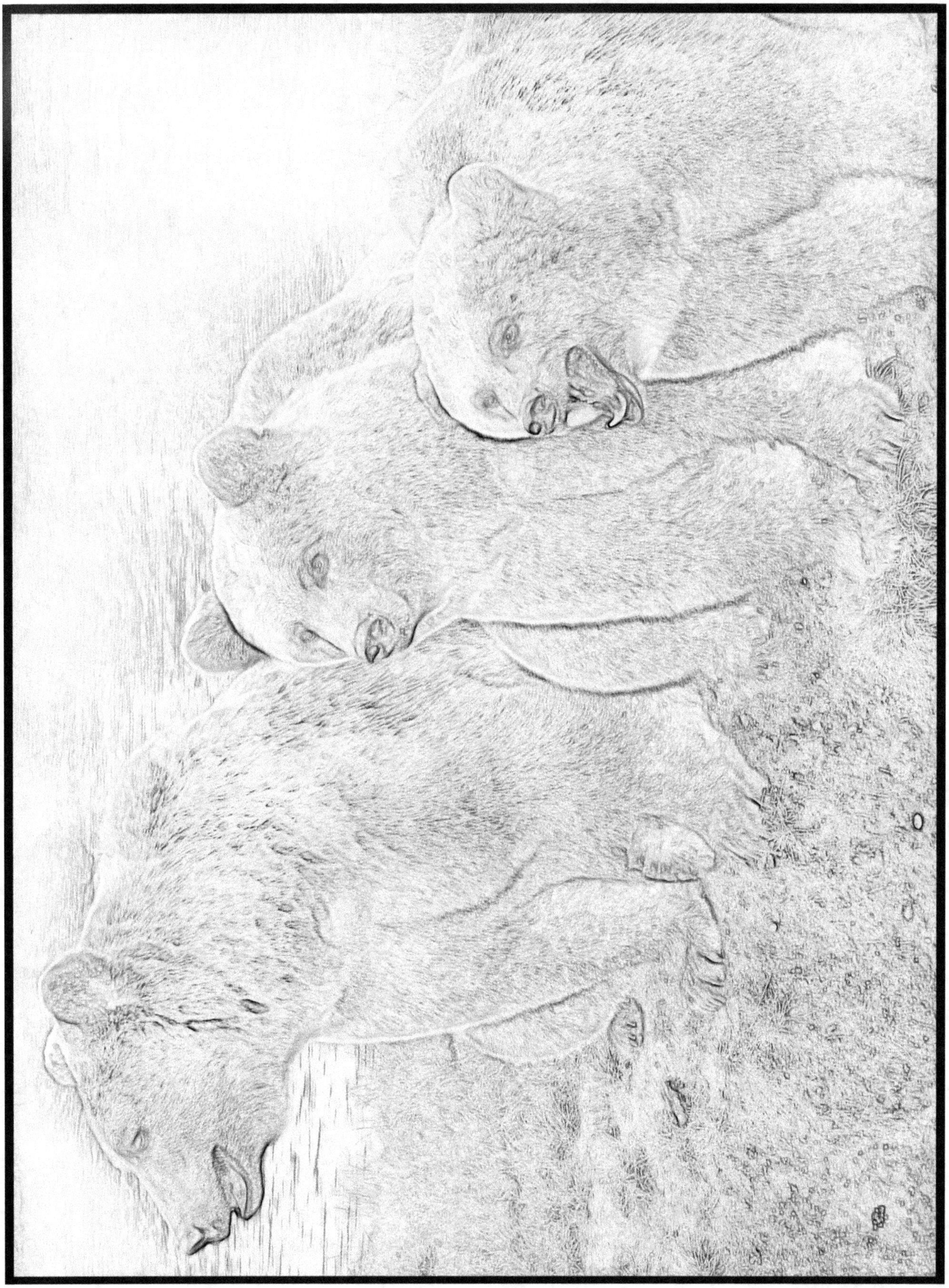

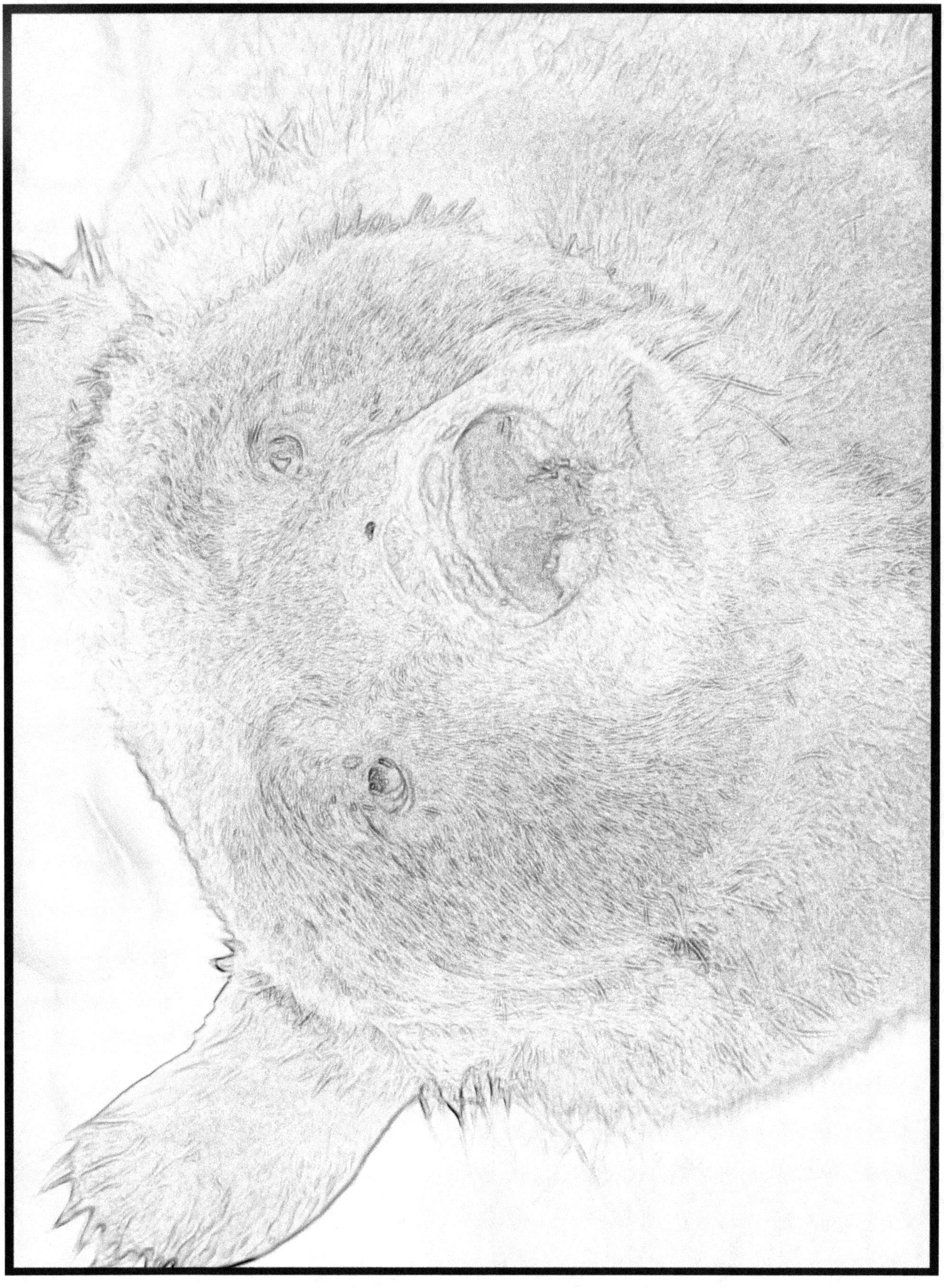

COLOR TEST PAGE

COLOR TEST PAGE

www.ingramcontent.com/pod-product-compliance
Lightning Source LLC
Chambersburg PA
CBHW052011280526
45793CB00005B/932